Hans-Peter Schulz

Eurydikes Blätter

Die Sehnsucht der Lebenden - eine Trance

Impressum
© 2019 Hans-Peter Schulz
Zeichnungen von Hans-Peter Schulz

Verlag und Druck: tredition GmbH, Halenreie 40-44, 22359 Hamburg
Umschlaggestaltung: tredition GmbH
ISBN Taschenbuch: 978-3-7497-8742-5
ISBN Hardcover: 978-3-7497-8743-2
ISBN e-Book: 978-3-7497-8744-9

Bibliografische Information der Deutschen Nationalbibliothek:
Die Deutsche Nationalbibliothek verzeichnet diese Publikation in der Deutschen
Nationalbibliografie; detaillierte bibliografische Daten sind im Internet über http://
dnb.d-nb.de abrufbar.

für Marietta

und alle Menschen, die mich begleitet haben.

Hans-Peter

Nur das Feuer des Lebens kann den Weltbrand verhindern

Beim Auszug aus unserem gemeinsamen Haus am 21.12. 2018 habe ich dieses Erzählgedicht gefunden, das auf Wegen zu Marietta gelangt sein muss, die ich nicht mehr rekonstruieren kann. Ich glaube, ihr ist das Erzählgedicht zugespielt worden, vielleicht aus einer anderen Zeit, vielleicht aus einem anderen Leben, an das weder sie noch ich uns erinnern können und wohin kein Pfad führt.

Über die Herkunft und den Autor kann ich nichts sagen, aber mir scheint Vieles bekannt, vielleicht schon tausende und abertausende Mal erzählt, wie ein Spiegel, der sich nur unserem letzten Innen, aber nicht unseren Augen öffnet.

Ich hoffe, mit der Herausgabe der Zeilen künftigen Paaren von der Urkraft und den abgründigen Erfahrungen der Liebe berichten zu können, ihnen näher zu bringen, dass selbst der Untergang der Welt, vielleicht sogar der Auslöschung des Kosmos' insgesamt die Kraft der Situation, die hier beschrieben worden ist, nicht überwinden kann.

Bei meiner mehrfachen Lektüre des Textes sind mir zwei Lesarten begegnet, die ich hier zumindest anbieten möchte, ohne den Weg in den Text zu verstellen.

Als Bewohner der Moderne sind wir wahrnehmungsgesteuert, filtern, was uns begegnet in entmythologisierten Wörtern und Vorstellungen. Wir können den Text nach seiner sprachlichen Gestalt, seinen inhaltlichen und thematischen Bezügen, seiner Epochenzuordnung und Erzählweise oder dem Genre, intertextuell oder nach Tropen, Bildern und rhetorischen Figuren bestimmen: dann verstehen wir, so gut wir eines Anderen Äußerungen verstehen können. Hier wird ein alter Stoff neu erzählt...

Andererseits können wir mit den sprachlichen Bildern und Zeichnungen in Kontakt treten, können uns ihrer Kraft und Wirkung überlassen. Es hat sich für mich als günstig erwiesen, die Lektüre zu unterbrechen, wenn ich den Bildern nicht mehr folgen kann, dem Rhythmus ihres Zusammenhangs, der Prosodie der Sätze. Es hat sich auch als hilfreich erwiesen, das Erzählgedicht laut zu lesen.

Angesichts des ersten Jahrestages von Mariettas
Sterben und Tod möchte ich den Text als
Erzählgedicht zwischen den Welten
herausgeben.

Die Illustrationen sind von mir gezeichnet und
hinzugefügt worden.

Hans-Peter Schulz
Hilden, den 28.11.2019

Prolog oder ein Tod gelangt unter die Liebenden

Durch den zugigen Palast schritt sie jeden Tag, den Kopf erhoben, alle abweisend und der Tod leckt an ihren Füßen.

Heute ist der 20.Tag, wieder ist er fort, ohne mich zu streicheln, ihre Augen füllen sich mit Sehnen, naß, Wut. Sie verharrt im Schritt, Gefühle plätschern durch mich hindurch, nichts bleibt stehen, rinnt dunkel.

Sie setzt ihren schmalen Fuß auf den kalten Boden, verlässt den Sessel. „Mach' dein Ding", fischte ihre Erinnerung angelgleich einen zappelnden Satz aus dem Gedächtnis, ein Satz der noch nach ihrer Stimme roch und von dem auch noch sein dankbares Lächeln tropfte. „Nicht dauernd", da wand sich der Satz vom Haken und entfloh in die See. Eigensinnig bezieht sie die Welt ganz auf sich, lässt ihre Wünsche pulsieren wie durch einen Schlund, plopp.

Nun spürt sie das nahende Ende und kehrt nicht wieder ans Tageslicht zurück. Im Dämmer schaut sie hoch ins Licht, erkennt seinen Geruch und das Auf und Ab seiner Stimme, folgt aber nun dunkleren Tönen. Brummen, summen und pumpende Geräusche stoßen immer wieder in sie und pressen sie aus der Schwebe. Das Schluchzen entfernt sich, wie bedeutungslos, die Maschinen verschwinden, Ruhe tritt ein, sie hört auf zu sprechen, stöhnt im Takt von Puls und Herz, presst den mühsamen Weg von sich weg. Dunkle Fäden umgarnen sie und Penelope stößt sich mit schmerzenden Füßen vom Boden ab, knapp unter der Oberfläche, die in hier und dort, in eines vom anderen trennt, hört sie seine zarte Stimme: „du kannst gehen, lass' die Schmerzen fahren, ich bleibe noch, eine Weile".

Er schaut ihr in die mittlerweile ausdruckslosen Augen, der halb geöffnete, trockene Mund röchelt, er küsst sie auf Stirn und die aufgedunsene Wange. Dann setzt er sich, schaut ins fort, denkt an ihre Zeiten in Griechenland, der Toskana, der Normandie, spürt ihren Abschied, wie sie sich entfernt.

Stille, das von Licht durchflutete Sterbezimmer ist leerer, leichter und schmerzfrei. Er will nie wieder von ihrer leeren Hülle weggehen.

Orpheus sieht Eurydike

Seine Stimme schleicht sich durch den Raum, überall greift sie aus und nimmt die Menschen mit, sie hören ihm zu, offenen Mundes, voll stillem Verlangen. Seine gesungenen, gesprochenen und gehauchten Worte durchstreifen ihre Innenräume, ihre glücklichen Momente und ihr seliges Vergessen, die Sünden und Missklänge, die Tötungs- und Gierwünsche, für eine Frau, für den Knaben dort oben töten, Mann und Frau sind gleich, aus ihren Augen tropft es heraus, sie ergeben sich in dem Festsaal. Während Orpheus singt, blickt er aufmerksam durch den Raum, er sieht, wie die Menschen ihre Masken durchlöchern und anderes, wenn auch nicht wahrhaftigeres heraufsteigt. Oft sind die Betroffenen demaskiert, fühlen sich entkleidet, nackt. Er steigert die Inbrunst, will wissen, wann sie sich aus dem Geschirr lassen und bar dort stehen. Er flüstert die Worte nun, der Klang und ihr Hauch schaffen eine Brücke zur Ausflucht aus der Maske und hin zu anderen Gebieten, auch wenn dort neue Masken liegen, schöne, glänzende und grausig anfängliche und gegenwärtige. Langsam kommt Bewegung in die Masse, sie streben und schwappen hin zu einem Idol, begeben sich auf den Weg langsam fort vom Wortsprudelnden.

Orpheus aber hat nur Augen für sie, die schöne
Damaszenerin. Sie entschließt sich als eine der
letzten, sie folgt nicht ohne noch einmal auf den
Wortwerfer zu schauen und ihre Blicke verharren
für jenen Wimpernschlag lang, der einen Blick zu
Anblicken wandelt, der einen Anker in den
Anderen setzt, einem Schössling nicht unähnlich.

Alles dreht sich weg, er legt seine Lyra auf den
Boden und folgt ihren Bewegungen, die den Blick
füllen mit ihrem Gang, nicht lüstern, aber er will
sie. Er starrt auf sie, hat nur Augen für ihren
wiegenden Schritt, hüftvoll und geistreich, ein
Versprechen. Er tritt aus dem Raum und sieht sie
dort hinten zum Opferplatz gehen. Ihr tief
ausgeschnittener Rücken lächelt.

Komm

Ihr Fuß, am Morgen in Rosenöl gesalbt, trat ins
froh-grüne Gras, ihr dunkel türkisfarbenes Kleid
wird von der langsam untergehenden Sonne zu
ihrem Rücken hin durchleuchtet, sodass ihr
begehrter Körper sich abzeichnet, versprechend,
lockend und scheu, sie lächelt hin zum Meer, sieht
aber ihn, will ihn. Er tritt auf sie zu, sein Blick
breitet sich auf ihr aus, die Haare fallen weit über

die Schultern und tief den Rücken hinab und berühren bei ihrem leicht wippendem Gang fast das Gesäß und umspielen die Brüste, die mit den Haarspitzen eine Welle bilden, die sich einfügt in die Bewegung der Büsche und Bäume, sich aber zugleich dunkel abhebt, sich farblich dagegen wehrt, gegen die fließenden Grüntöne des verlöschenden Tages um sie herum, so dass das Haar doch für sich bleibt. Seine Hände fassen ihr Becken, riechen sich in es hinein, doch in spielerischer Bewegung befreit sie sich aus den ersehnten Händen, entfernt sich, wie in Eile, er trachtet ihr nach und es entsteht der Hochzeitstanz, der nur ihnen beiden gehört, und sie vereinen wird, zusammenfügen, für den Moment, der aus zwei Menschen ein Versprechen macht. Sie verschwindet und er fällt.

ihr körper schauderte weiter, nach dem biss und seinen weggeglittenen händen, wasser und winde durchziehen sie und keine stelle bleibt, kein ort, weltlos gleitet eurydike lächelnd dahin, als wirke alles erlebte nach.

11

die stimme des nun fremden mannes erzeugt meine Sehnsucht, meinen willen zur hingabe, schreiendes fleisch. ich werde dünner, fadenscheinig und geschichten anderer blinken wie erinnerungslichter, als könnte etwas bleiben. drachen- und feuerkreisfrau, sie klagen, töten ihre kinder und verderben den geliebten. ich nicht.
violett ist meine hoffnung und fällt ab ins rot, verglimmt: klagen wird zum schrei, wo ich stehe, stehe ich nicht. ich gleite fort, ohne sein etwas zu vergessen.

Charus Tun

die verwachsenen Eschen lügen im Bild,
darin verbirgt sich schwarz ein Flammenmeer,
verbrennt in kalter Glut all' die Bilder der Welt,
befreit die Fallenden von Halt und Orten:
taumelst ins Loch, kriechend in stillem stehen
fallend ohne sehen, riechen, hinab nach oben.

das Widderweib spukt ihren Atem
halb verzehrendes Feuer, halb äsende Erde,
die ebenmäßigen Züge gehörnter Augen,
nie brüllt sie zweimal, ihr reicht ein Klangstoßen,
Körperlandschaft, geschwungen, scharf gezeichnet,
überall, dabei ist sie bloß die Entführte.

denn einst gierte er sie ins dunkle Reich
gemurmelte Quadrate zogen sie zum Wiederwerden
hier füllte sie tiefe Hallen mit seufzen,
sein Griff - jedoch - ist wie Schwarzeisen,
dennoch quillt sie hervor, Blumen und Tiere
sprießen, sie füllen die Welt mit Klang.

darin Orpheus mitschwingt, Fragen voller Silbergold
aus nichts beantwortet, sieht er weiß,
blicklos funkeln fremde Augen von Stirn
zu Stirn, tauchen alles hier in Eulenfarben,
mit blauer Stimme frisst sich blau
in blau, in grün, leuchtet matt im All-Schwarz.

gelber Tanz durchwirkt Kreatur und Schatten,
schnuppert hier ein Sonnenlicht von Orange,
der braune Boden verzerrt die Farbe - brechen und
Bruch fließt heraus aus ihm, roter Schrei,
zu schlanken Erdschenkeln, gierendes begehren,
fort, lichtlos, schwarz, verloschen und gleißend weiß.

Er sucht die Unterwelt

Orpheus wacht auf, diese Wiese mit Blumen, einige
plattgetretene Stellen und die eine Stelle, die nun
ein Ort ist. Sie ist fortgebracht, meine schöne Frau.
Das Gras hat sich an der Stelle noch nicht ganz
erhoben, ihr Tritt und der Abendnebel liegen noch
darauf, als hätte sie im Moment den Fuß erhoben.
An ihren Zehen die silbernen Ringe. Er kniet sich
hin, will erst beten, dann riecht er das Rosenöl,
schnuppert, reißt Grasfetzen mit etwas Erde
heraus, riecht wieder, lächelt geradezu blöde und
steckt es in den Mund. Er will alles aufnehmen,
kein Krumen und Krümel soll fern von ihm sein,
nicht in der Welt bleiben. Kauend und bunte Bilder
ihrer wallenden Haare im Meereswind sieht er, bis
er die Erde schmeckt und das Bild vergeht. Er
würgt die kleinen Bröckchen hoch, spuckt sie aus.
sein Mund schmeckt noch die Krümel und Krumen
der Erde, schmeckt einen leichten Blutgeschmack,
im Boden finden sich Tonscherbenreste verborgen.
Es muss eine Opferstelle sein, vielleicht anderes
oder sogar mehr. Er fährt hoch und beginnt sich
umzuschauen, dort drei Eschen, deren Spitzen
verwachsen sind, darunter Platz genug um einer
Tanzstelle Raum zu geben. Vielleicht haben hier
Meliai getanzt oder wurden geehrt, dann kann es
ein heiliger Platz sein. Er suchte noch weitere

Zeichen, doch der Hain war seit langem verlassen, dabei war nicht zu erkennen, welcher Gottheit, lokal, olympisch oder noch in fernerer Zeit oder gar erst in einer kommenden, der Opferplatz gewidmet war. Er suchte die Quelle, aus der auch andere Nymphen aufstiegen, verborgen, in Moos gebettet fand er das seicht sprudelnde Wasser. Er kniete sich hin, kostete einen Schluck und ist sich sicher. Hier war nicht nur ein Opfer- oder Weiheplatz, hier kreuzten sich Sphären, hier ist ihre Seele übergetreten. Hier kreuzen sich Künftiges und Vergangenes und bilden einen Nullpunkt, einen stillen Punkt, der jeden Laut aufnimmt. Alte und

ältere Bilder paaren sich hier mit künftigen und

treiben die Träume der Menschen um, der Klang
aufgehobener Münzen streift sein Ohr.
Orpheus ist entkräftet, ich muss lange gehungert
haben, in der Nähe kreisen und huschen Tiere.

Er geht den Quellplatz mit rhythmischen
Zählschritten ab, ruft dabei alte Worte, deren Sinn
er nicht kennt, aber von denen er weiß, was sie
bewirken. Der Ort nimmt den Hall seiner Stimme
auf, verstärkt und verwandelt den Klang der Rede,
sodass sie ihm fremdgesprochen wieder begegnet.
Gurrend, einer Taubenbalz ähnlich *kur - kur, kur -
kur* entsteht im Lautwerden eine Wand aus Felsen
vor seinen Augen, wieder schmeckt er die Erde im
Mund, die Krumen, die ihr Fuß berührt hatte, bevor
sie fortglitt. Scharf dagegen, plötzlich einem
Paukenschlag ähnlich explodiert der Konsonant
mitten in seinen Ohren und Orpheus riecht
sengendes Fleisch; der Konsonant zog sich lang,
wie der Klagelaut eines Tieres und nun explodierte
ein zweiter, ein anderer Konsonant vor seinem Ohr.
Pat, pat, mehrfach, er hört auf zu zählen, die
kleinen Explosionen bespielen in immer schnelleren
Schlägen seinen Innenraum, bis der Ton lang und
tief über einer Fläche ausgleitet, sich breitet und
wie verdünnt ein erst hohes, langes Geräusch *a -
kal - kal,* nun tief, von einem Bass gezogen, sich
fortsetzt und auflöst.

Hören und sehen fallen auseinander, wie flüchtig zusammen gelegte Dinge, die zu schiefen Gebilden sich erheben. Sein Geschmack hat sich mit der blutenden Erde zusammengetan und so bleibt er, kleine Steine in der linken Hand, abgeschnitten. Er bewegt sich nicht mehr, stand mit einem Fuß nahe an der Quelle, beide Hände an den Eschen und aller Kleider bar, nackt und leererigiert. Der letzte Rosenölgeruch ist überdeckt von Samengeschmack, es findet seine Ergüsse in der Quelle, auf dem blanken Grund, der nicht weit vom Naß zu sehen ist. Erde, Luft und Wasser spiegeln kurz einen Satz, den er nicht kennt *he - mu - u - zu,* der ihn aber beruhigt.

Klang und Geruch werden massig, er geht einen Pfad, überall zerspringen Gläser, rollen in bunten Farben an ihm vorbei und zerplatzen wie Träume. Große, kleine, bunte und auch schwarze Kugeln, wie Wesen, die zerspringen.

Der Klang des zerberstenden Glases verbindet sich mit einem Takt, indem er Fuß um Fuß bewegt, er wandert, es scheint abwärts zu gehen, aber der Himmel ist unter seinem Schritt zu sehen, keine Einzelheit trennt ihn vom Gesehenen, aufgehoben ist er nur in seinem Gehen. Dabei verbindet sich jeder Blick zu unterschiedslos Gleichem, wird zu einem Bildnis das riecht und tanzt. Eine einzelne Empfindung streift ihn, er weiß um den

Wendepunkt, hier und jetzt muss es geschehen, aber was?

Die Umgebung ist einfarbig in einem unterschiedlosen Ocker und dennoch furchttreibend und jeder Schritt zieht ihn fort und hin in einem, ins Halblicht und alle Klänge im Glissando und Portamento gezogen, sodass Hitze und Frost mit den wechselnden Schritten im Takt der Wimpernschläge bleiben. Er schwimmt die Felsen hinab durch die weite Fläche voller Schatten und Flammen, überall tropft Gestein in die Senke, der er sich nähert, die trichterförmig ihn ansaugt, bis er die Halle sieht, die alle Bilder wegwischt und ihn an deren Ende zwei bildliche Konzentrationen ahnen lässt. Sie ist so lang, dass kein Ende sichtbar wird, so breit, dass sie an den Rändern ins Bodenlose fällt, so hoch, dass steigende Winde kein Ende finden und im Raum ist ein weiter Knall zu hören. Gottheiten wechseln ihre Gestalten im Takt der aufschlagenden Gesteinstropfen. Der Ort ist alles, Esaglia und der schwarze Meteorit, eine Mauer voller Gebete und ein Wüstenplatz, ein Baum wie das Wiederwerden.

Er verhandelt

Zwei Augenpaare sprechen unerhörte Wörter, fern
aus Jahrhunderten unvernomme Rede *Wer sie
sieht, den sollen sie vor Schreck vernichten! Sie
sollen springen, ohne ihre Brust zu wenden,* so
klingt es in ihm an.
Gesprochene Bilder werden in Strömen zu Licht
und Gedeihen, Herbstwinde laufen auf steinernen
Pfaden, überall Paarungsstöhnen und Klagelieder,
die die ersten Worte gebären,
*Als droben die Himmel nicht genannt waren. als
unten die Erde keinen Namen hatte,* die
sprechenden Augen und die Bilderströme paaren
sich und klagen in einem Satz, der sich in seufzen

und stöhnen, saugen und lecken ergibt und
wandelt zum unverstandenen, aber wirkenden
he - *mu* - *ŭ*- *zu* und dort war sie. Die Lebenskraft im
Dunkel, der Werdewille und nun Stille.

ich bin, ohne platz zu nehmen, was mich verlässt,
hat keinen anfang, doch es kommt an. meinen
verströmenden duft fasse ich dennoch, ohne mich
zu erleben. wie eine lockung in eine andere welt,
einen blassen kosmos.

Seine Gabe ist unverdient, doch er spricht,
rhythmisch und chorisch in einem, erdnah und
luftig leicht, plätschernd und doch flammend, bis er
ihr Kommen spürt, ein Ansinnen von Horn und
Rössern. Seine Rede steigert sich, entflammt chtho-
nische Worte, die verweht von Tiergestank und
flammendem Holz. Er fällt zu Boden und wimmert
menschenferne Laute, die Fläche füllt sich und
Kores Blick verliert einen Rosenschimmer, dass
Orpheus die Blumenwiese im kalten, feucht
dampfenden Raum zu riechen glaubt.

erschütterter boden und aufflammender rauch um
mich. er hat mich losgelassen, ich falle noch immer.
nun bin ich an vielen orten, löse mich in atem auf.
meine dünstung und petrichor mischen sich,
locken ihn her, weisen ihm den pfad. ich bleibe

gebannt, seine schritte säumen nicht, näher und
näher, vorbei am bootsmann und seinen launischen
weigerungen, er setzt ihn
über. finde mich, hole
mich, ich bleibe ein
sehnen.

Der Raue war nicht zu
sehen, seine Kappe
verbirgt ihn, er nickt
und besiegelt die
Erlaubnis seiner Gattin,
bevor die erdverbundene
Gestalt dem Blick des
Bittenden entschwand.

du bist da, du hast mich gefunden, worte sprudeln
aus dir heraus und wandeln kore in fallendes laub
zwischen heftigen böen. mein schwebender leib
wird zum körper. doch eine falle: dreh' dich nicht
um, sagt sie, schaue nicht zurück, schaue nicht
zurück. er tanzt im klang, seine worte bilden
siebenecker, wellen voller kanten, sie lechzt und
lässt sich lecken, dieses eine mal stöhnt sie warme
worte wie im frühlingswind, als sie entrissen wurde,

tanzende lust sehe ich bei dir, geliebter und bei ihr. dann lässt du ab, sprühst zu mir, deine lippen streicheln mich, du hüllst meinen körper in samtenes silber. ziehst mich mit dir und starrst in die sonne, immer nur dem licht entgegen. er hat sich aufgelöst für den moment als kore weit und breit war, der ungeheuerliche nimmt es hin, für den einen moment, der mich befreit.

Orpheus wollte dankbar nochmals singen, tanzen und seine Bitten in vielklingenden Dank verwandeln, doch Kores herrische Geste beendet das Spiel der menschlichen Empfindungen. Nicht noch einmal sollte der honigsüße und mandelduftende Gesang mit seinen fließenden Worten und Bewegungen die Ordnung des kalten Steins stören. Die hellen Farben schwanden, kein Funken, kein Licht, still und blank verschwindet die Ebene hinter den Felsen. Er drehte sich weg und schritt durch nackten Stein und hinauf ins schwarze Licht, wo ihre Stimme aus dem Schaum floß: du darfst dich nicht umsehen, schaue nicht zurück, sieh nach vorne und dreh' dich nicht.

So geht er schnell hoch und das Licht wird grüner und blau und sprenkelt sich violett ein, und gleitet wieder ins silbergolden. Himmel und Sonne strecken sich ihm zu, ihr warmer Hauch erblüht als Lebensmut, als Zuversicht. Nicht umdrehen, je heller die Strahlen ihn umfassen, desto trister und dunkler, leblos matt erschien die Szene von Kores Gnade in ihm, ihre Geburtsbewegung waren das letzte, das er im Wegdrehen erkannte.

Verschwunden

Orpheus schritt den steilen Weg hinauf, dessen linke Seite ausgetreten, während die rechte Seite naturbelassen und ohne Glättung ist, sodass die spitzen Steinen durch seine Sohle stechen. Er widersetzt sich dem Impuls zu ruhen. Hinter ihm ist Stille, kein Atem, keine Bewegung, die er hört, nur sein Ahnen. Er spürt nur jene Leere und den Riss in ihm, als Eurydike ausgelebt hat und ihr letzter Atemzug keinen Raum mehr füllt, sondern aus ihr entwich, ohne Geräusch.

Orpheus erreicht den Übergang, noch ein, vielleicht zwei Schritte und hinaus, fort aus der Starre blinder Spiegel, mit der Starre zwingt er seinen Kopf nach vorne zu schauen. Fort aus dem Gestank unglücklicher Seelen und hinein in das Glück. Das Sonnenlicht blendet ihn, er bleibt blinzelnd stehen und atmet tief die heiße Luft eines Zitronenmittags, die Grillen und die Meeresbrise umspielen sein Gemüt, verzaubern die letzten Erinnerungen an

den schwer-schwarzen Ort, sein Inneres ordnet
sich neu, auf die helle Welt.

Er schaut vor dem letzten Schritt über die weite
Bucht, spürt den Höhlenausgang im Rücken,
schaudernd allein in der Erinnerung. Aus dem
gleißenden rotbraunen Pfad hebt sich eine Gestalt,
deren schlanker Wuchs ihn im Schritt zu ziehen
scheint, er bleibt, in der geräuschlosen Stille seiner
Welt stehen, lässt sie näher kommen, verharrt,
schaut, die knospenden Brüste und der rötliche
Flaum der Schenkel lässt in sabbern. Er vergeht für
Momente, verlässt den Ort, sieht nur die andere,
ihr Lächeln. Sie geht an ihm vorüber, hinab in die
Dunkelheit, sein Kopf bewegt sich fast in einem
Zucken, er spürt die Worte aus Kores kalten Augen.

nie angemessen, an keinem ort,
nicht auszusprechen, mit keinem wort,
ich bleibe und schaue in fernes erleben,
falle zurück, in nichts als graues streben.

Fast hört er den Hauch, der sich über die Lippen
Eurydikes einsaugt als ungesprochenes Wort, hört
Eurydikes Stimme aus dem Mund der sich
entfernenden Kore.

Der Riss plagt sich und trennt Kreatur und
Schatten. Er deutet die Bewegung seines Kopfes an

und Eurydike entflieht mit einem „O" und mit ihr
auch alles andere. Sie fällt ohne Schmerzen, verließ
einfach den Ort. Sie vernimmt, während sie
herabstürzt, Kores Worte: *Zur Blindheit über-
redete Augen.*

Als die Sonne untergeht, kehren die Kälte der
beginnenden Nacht und das Leben in ihn zurück.
Orpheus sieht sich um, der Ausgang bleibt ein
dunkles Loch, ohne den Zauber, fast ins Leben
entkommen. Erde, Gras, der Eingang wird zum
Loch und die Bilder versiegen, übrig bleibt ein
abschüssiger Weg, der einige Meter bis zur Biegung
zu erkennen ist, dann nur noch dunkel. Wurzeln,
von der Decke hängend, bloß, ohne Nahrung,
dennoch nicht verdorrt. Er wendet den Blick ab
und schaut nicht weit, immer auf den nächsten
Augenblick. Kein Impuls beginnt sich zu zeigen,
obwohl er sich nun bewegt. Orpheus geht, ich gehe
einfach los, ohne Plan und Richtung, so wie der
Fuß auf den Boden aufsetzt. Mal tritt er auf einen
Stein und auf weiches Gras, auf einen Ast,
trockenes Laub. Einfach nur gehen. Tage später
streift er ziellos, doch in stetig zunehmender
Distanz zum Ausgang, der nun bereits verwachsen
ist.
Doch wie knüpft man an ein altes Leben an? Nichts
ist wie vorher, alles ist anders: verändert, neu, offen
abgeschnitten. Er setzt sich an einen kleinen Fluss,

der von der Quelle geschoben und vom Meer
gezogen wird, schüttelt den Kopf ob seiner Bilder
und überlässt sich einem vorüber schwimmenden
Blatt und ein fassender Blick leert Orpheus,
entlässt ihn auf den Nullpunkt hin. In der sich
aufdämmernden Leere fallen die Bilder von
Überraschung und Ödnis zusammen, *pfahlhoch
und tiefschwarz.*

Er sucht seine Habe und sein Inneres zusammen
und beginnt die Weltwaage zu bauen. Schweigend,
nur den Bildern folgend, die er aus Geschichten
gesogen hat, wie alte Menschen das Mark der
Knochen schlürfen, wenn sie zahnlos sind. Es
beginnt bei der Geburt und jeder Schrei zählt, die
erinnerten doppelt. Von der Geburt bis heute und
von dort bis zum Tod, wenn die vergangene und
künftige Gegenwart ineinander fallen, wie ein
Kinderhaus aus Halmen. Die erfüllten Momente
steigen langsam auf, ausatmend häuft er sie alle
auf der linken Seite auf, zählt sie und schätzt ihren
Wert ab. Die rechte Seite soll wie an einem nicht
sichtbaren Faden Eurydike aus dem uranfänglichen
Eins, dem All ziehen. Nichts bewegt sich, die Waage
schlägt rechts nicht hoch. Rhythmisch zählt er und
bei jedem dritten Schritt bietet er: für jeden
erfüllten, vergangenen Monat, für jede gesunde
Stunde die noch kommt, für jedes Jahr, das ich

27

noch lebe. Er fordert, dass sich Waage rechts hebe und sie für einen Tag auf die Welt zurückkehrt. Er ruft Astartes Namen, sie beschwor ihren Vater zu einem Handel.

Stille. Er beginnt von neuem zu singen und als die Felsen hinabstürzen, zieht er sich zurück. Er kennt keinen Platz und wandert fort, erinnert sich durch die Welt, zu vertrauten und unbekannten Plätzen, um ihre Seele zu ahnen.

Orpheus verließ seine Heimat und wanderte, ohne ein Vorbild, hebt den Blick und schaut in die Tiefe des Himmels, dort verliert sich jede Möglichkeit zu sehen, das Auge

versiegt und verdorrt, und er legt sich auf den
Boden, lässt sich aus brodelnder Tiefe heißer
Erdkraft nähren.

*Wappne dich, denn Gottes Antworten bleiben
spärlich.* Er bleibt liegen, denn es ist alles gesagt,
alles getan und so stellt er sich den Jahren und
wandert durch Wälder und an Flüssen, durch
elende Straßen, er ahnt undurchdringliche Wände
und schweigt.

Anderer Liebe bleibt Orpheus eine andere Sprache,
er ist gefangen im Klang ihrer Stimme und Blicke,
die Mänaden baten ihn zu einem wilden Zug, doch

er entzieht sich ohne ihnen zu folgen in seine
Nacht. Sie finden ihn, die ihm nicht verzeihen,
dass er Eurydike fortgenommen und sich verweigert
hat. Sie beobachteten ihn, als er sich diesen einen
Moment nicht festgehalten, in dem Moment der
Irritation und sich umsah wie Hunde eine Fährte
wittern.

Sie greifen in seine Brust, er sieht sein pochendes
Herz in ihren Händen und spürt wie ein kühler
Hauch das nur noch warme, längst abkühlende
Blut, verdrängt, wie sein Lebensfluss gefriert. Sie
verzehren in altem Ritus sein Herz, sodass es
aufhört zu schlagen.

Mit seiner Lebenskraft verlieren auch die Bilder
seiner Zuflucht ihre Wirkung, werden lahm,
zerschellen in der Austreibung an den scharfen
Kanten von Bedingungen der Möglichkeit, dem
Umschlag von Quantität in Qualität, den
hinreichenden Gründen und der Abduktion.

Kurz vor dem letzten Schlag, als der Blick sich
nochmals hebt, erscheint sie, Eurydikes Wimpern
streichen über seine Lippen, ihre Stirn liegt kurz
auf seiner Stirn, ihre Zunge drückt sie auf das
ewige Auge, so wie er es tun wird, als ein anderer,
als Penelope stirbt.

Ihr Atem und Geruch hüllen ihn in Worte
kommender Rhapsoden, kein Trost, aber eine Ende.

In ihrer Dünstung liegt die Ahnung der wahren
Natur des Menschen und dein Blick verglast und
rundet sich.

Nachbemerkung

Der Bericht der Suchenden ist damit beendet. Sie
haben versucht, sich über den Rand zu beugen und
sind abgestürzt.

Ich möchte aber einige Gedichte zu „Eurydikes
Blättern" hinzufügen. Die Texte lagen verstreut,
teilweise zerknüllt in dem Karton, der *Eurydikes
Blätter* enthalten hat. Ich vermute einen
Zusammenhang, auch wenn sich die Herkunft der
sechs Gedichte ebensowenig klaren lässt wie die
des Textes selbst.

Den Gedichten *Zwischenwelten* und *Metamorphose*
dient jeweils ein Vers von R.M. Rilke als Anfang und
Motto.

Hans-Peter Schulz

kaskal lu du-bi nu-gi-gi-ed-e

Widerfahrnis

Die Scham ist vergangen, diesmal will ich alles sagen,
bevor ich es in mir verschließe und es verpfände,
es nur noch zu meinen Seelenfesten aufwende,
dein Lendensalz im Mund, dein lachen erfragen.

lachen und narben ziehen sich um meinen Leib,
geknüpft, sie bilden ein Netz voller Bilder,
verborgen blicken sie sich um, es wird milder,
die Zeit wird voll und schal, keinen Funken vertreib!

gelb quietschende Sonne, ferner Schatten südlicher Gestade,
Blitze ohne Echo und voll, von dir und mir,
ich werde bleiben, auf der Lebenswippe,

dann kommst du, in deinen Taschen die nördliche Made,
ein wundersames anderes Leben, ein Beben ohne hier,
ich fließe und erreiche sie, deine Liebeslippe.

Aufbruch

dein haar fällt vor meine augen.
dadurch mein blick zu dir
sich bahnt.

es streift nun leer und ungebunden,
die sehnsucht ohne dich im freien
land.

ich muss mich Neuwärts erfinden,
mich ferne wie an sterne
neu an etwas binden.

Nänie der Nähe - er

dein atem umspielt mich und hüllt mich ein,
wir umrunden in bewegung und augensphären unser sein,
nie lässt du mich los noch bleibe ich dir fern,
ich sehne dich, mich nach dir, bleib' naher stern.

so wächst zwischen uns an stränden und stürmen ein leben,
wir werden eins, bleiben für uns, ringen sonnig, wie beben.

bilder durchfluten meine gedanken, schwanken
von orten und worten, dicht und dichter, ohne wanken.

energie, die zwischen uns sich entlädt, gehaltene augen,
gerichtet, gesenkt wie brunnenschächte, die einander saugen.

erinnerung an mein verbundenes leben, die fülle
der momente und summe, in die ich mich hülle.

Nänie der Nähe - sie

flügelfernes fliegen, abgetrabte bewegung,
er sinkt fort und steigt als asche auf,
es taucht aus der welt alle regung
heraus und findet bitter-festlich sinnenlauf.

doch dorthin reicht nichts und keine geheime pforte
wird sich aufschwingen und uns zeigen den silbernen orte.
so bleibt mir die suhle im staub zerfallener knochen,
ein dankend leid, voll früher stunden und zerbrochen.

Zwischenwelten

zwischen Tag und Traum
greifen fremde Bilder Raum,
trauen sich aus dem Geäder,
als lebten sie inmitten kühlender Bäder.

sie erfrischen den müden Mut,
verteilen triste, quellende Wut.

sprühen aus inneren Bildern und fremden Lüften,
verwandeln sie, erhoben ihn zu Rosendüften.

vorbei der Moment der berührten Stirn,
es gibt keinen Ort, kein Wort, nur Liebeswirren.

Metamorphose

Träne folgt der Träne,
er bleibt zurück
und blickt, ich wähne
ohne dich aus Gewirr,

das zerbeult, zerteilt, eine Ritze,
durch die du dringst,
und ich zu dir schwitze,
so wie Stein zu Boden sinkt.

Zeitfracht Medien GmbH
Ferdinand-Jühlke-Straße 7
99095 Erfurt, Deutschland
produktsicherheit@kolibri360.de